UNION-CONCILIATION.

POLITIQUE

NATIONALE.

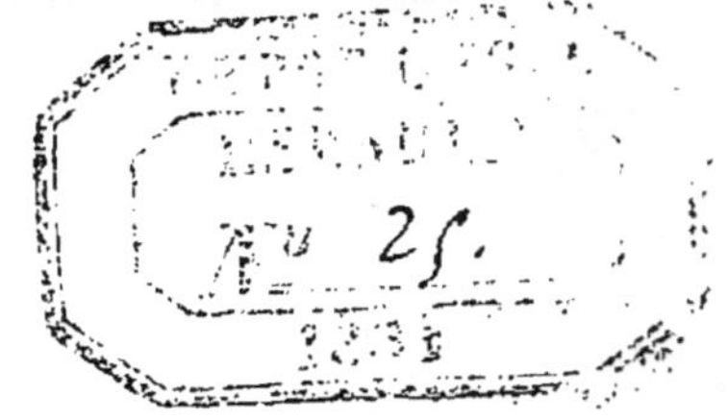

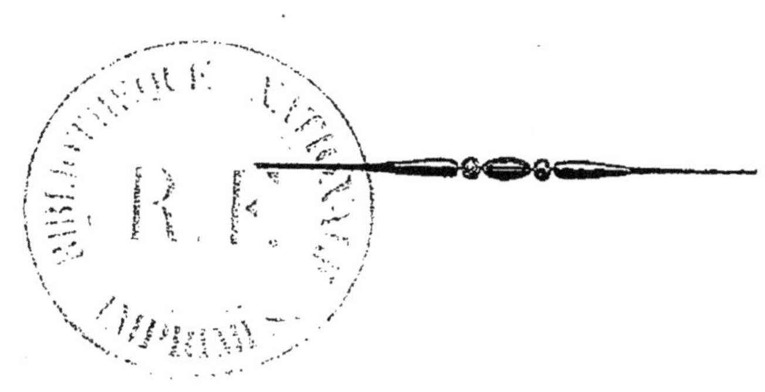

MONTPELLIER,

IMPRIMERIE DE PIERRE GROLLIER,

RUE BLANQUERIE, Nº 1.

1851.

IMPRIMERIE EN LETTRES DE PIERRE GROLLIER, A MONTPELLIER (HÉRAULT).

BULLETIN DE DÉPOT. — N° 243 DE LA DÉCLARATION.

Je soussigné déclare faire le dépôt de l'ouvrage ayant pour titre :

Union – Conciliation politique nationale,

lequel fait une feuille in-16 et a été tiré à 3,000 exemplaires.

Montpellier, le 22 mars — 1854.

Grollier

[illegible]

[illegible] [illegible] [illegible]

[illegible]

[illegible]

UNION-CONCILIATION.

POLITIQUE
NATIONALE.

DISCOURS DE M. BERRYER.

Messieurs,

Sans rentrer dans la discussion et dans le détail des faits, que je crois maintenant suffisamment connus et suffisamment appréciés par chacun des membres de cette assemblée, mais sans négliger de répondre à des interpellations qui me sont personnelles, d'expliquer devant vous, devant mon pays, toute la conduite que j'ai tenue, sans illusion comme sans oubli de mes devoirs, je viens dire à l'assemblée par quel ordre de graves motifs et par quelles considérations générales sur l'ensemble de notre situation, je suis décidé à m'associer au vote le plus sévère contre le dernier acte du gouvernement. (Ecoutez ! écoutez !)

Je ne veux pas discuter la question du droit constitutionnel. Cette question n'est vraiment soulevée par personne. Et, d'ailleurs, bien mieux que moi, M. le ministre des affaires étrangères pourrait dire combien, sous la monarchie, l'exercice d'une prérogative incontestable, pour la simple révocation d'un chef de division , a soulevé dans la chambre des députés... (Rires prolongés d'approbation sur un grand nombre de bancs.)

Messieurs, je crains d'avoir à fournir une longue carrière ; je suis fatigué, je puis être exposé à déplaire à beaucoup de membres de cette assemblée, peut-être même à quelques-uns de mes amis ; je demande donc à l'assemblée, dans ce sérieux et profond débat, de m'interrompre le moins possible pour ne pas prolonger la trop grande durée de mon discours. (Parlez ! parlez !)

Je disais qu'un autre que moi dirait mieux combien une simple révocation de fonctions subalternes a causé, sous la monarchie, dans la chambre des députés, a soulevé dans le pays, de sérieux débats et de vives animations politiques.

L'acte du gouvernement est condamnable, selon moi , parce que, à moins de fermer les yeux , il est évident qu'il se lie à une suite de faits qui manifestent une tendance trop réelle à précipiter un changement politique que je redoute, que l'on doit redouter pour la paix intérieure comme pour la dignité du pays au dehors (Très-bien !) ; qu'il faut redouter pour les souffrances publiques , car si cette tendance persévérait, si cette entreprise s'achevait, elle ouvrirait sur nous un déluge de maux, un déluge de misères incalculables. Mais surtout, et quant à présent, dans la résolution des ministres , je vois un acte grave et condamnable, parce que, malheureusement, il doit avoir pour effet de déchirer la majorité. (Mouvement.)

Messieurs, nous en avons déjà la preuve dans ce débat. Nous vivons depuis trois ans de l'esprit et des actes de la majorité. Si le gouvernement a été sage, si le pays s'est pacifié, si la prospérité, je veux dire si l'activité de l'industrie, du travail, a commencé à renaître, on le doit à l'union, à la force, à l'influence, je n'hésite pas à le dire, à l'ascendant de la majorité. (Très-bien ! très-bien !) C'est donc un acte politique coupable que de se jeter avec témérité dans le péril de briser cette majorité salutaire. Et la première conséquence du mal, c'est de nous amener à une discussion prématurée dans des circonstances et en présence de faits qui aigrissent les esprits ; c'est de nous obliger à discuter, avant le temps, toutes les questions qui touchent à notre situation, aux partis, à la Constitution, à l'avenir. (Mouvement.)

Cependant, Messieurs, quand des imputations, quand des accusations sont ainsi soulevées, une telle discussion est inévitable, elle est nécessaire. Nous avons tous besoin d'être ici à côté les uns des autres, animés du respect de nous-mêmes et du respect les uns des autres; nous devons tous, tous être connus; et, puisqu'on nous appelle à parler de toutes choses, le moment est venu de tout dire; il faut que, devant le pays, notre juge à tous, toutes les intentions, toutes les convictions soient sincèrement examinées, sincèrement présentées, complétement connues! (Sensation.)

Laissons de côté un langage antipathique à notre vie toute publique; laissons de côté ces mots de conspiration, de complot, de conspirateur; c'est un mauvais langage, c'est un mauvais souvenir des plus mauvais jours. Ce qui se passe sous nos yeux, ce qui nous préoccupe tous, c'est l'activité, c'est la vie, c'est l'intelligence des partis, tel qu'ils existent, tels qu'ils doivent exister, tels qu'ils ont été faits par les événements que nous avons traversés dans nos révolutions successives, la république, l'empire, la restauration, la royauté de juillet. Ces partis, ils sont débout, ils sont en présence, et nous sommes à la veille du rendez-vous, à jour fixe, qui nous a été donné par la constitution elle-même, pour la réviser, pour la modifier ou en totalité ou en partie. Est-ce dans une pareille situation que vous vous étonnerez des efforts de toutes les convictions honnêtes, de toutes les convictions inspirées par l'amour du pays, de toutes les convictions éclairées par l'expérience et par l'étude approfondie des besoins de la nation, que vous vous étonnerez de ce que vous appelez une agitation, une manifestation, un complot?

Non! non! il n'y a rien là, je le répète, qu'un des résultats de notre situation politique; il n'y a rien là que le travail, l'agitation naturelle d'une société libre, mais encore dans un état, je n'hésite pas à prononcer le mot, précaire, transitoire. (Agitation à gauche.)

M. de Lamartine. Je demande la parole. (Sensation.)

M. Berryer. Messieurs, ce dernier mot blesse....

M. Canet. Profondément même.

M. Victor Lefranc. Il éclaire.

Sur les bancs supérieurs de la gauche. Non ! non ! il ne nous offusque pas.

M. Berryer. Ce dernier mot blesse ; il a offusqué la commission elle-même.

M. Lanjuinais, rapporteur. Dans la bouche du gouvernement !

M. Berryer. Veuillez ne pas m'interrompre, je vous prie.

Ceci est tellement grave que je demande la liberté de ma pensée pour ne rien vous cacher de ce que je dois et de ce que je veux dire.

Voix nombreuses. Parlez ! parlez !

A gauche. Et ne cachez rien !

M. Berryer. Ecoutez-moi, je ne tairai rien. Qui veut avoir la liberté de parler, de scruter la conscience de ses concitoyens, doit avoir la dignité de tout écouter et de tout entendre avec calme. (Très-bien ! très-bien !)

Transitoire, oui ! le mot ne vous plaît pas, je le crois bien ! Mais il faudrait fermer les yeux à l'évidence, mais il faudrait vouloir chercher sa sécurité, chercher sa satisfaction dans les mots et non pas dans les choses, pour trouver quelque chose de définitif dans notre situation actuelle. Vous le reconnaissez, vous, assurément, qui proclamez tous les jours que l'état dont vous voulez, ce n'est pas la constitution telle que vous l'avez, mais la *république sociale ;* et la nation tout entière, le 10 décembre, quand, par 6,500,000 voix, elle a élu celui qu'elle a élevé à la présidence, elle l'a fait sans crainte, elle l'a fait à l'aspect de tout ce qui a précédé le jour de l'élection, elle l'a fait en se complaisant peut-être dans les souvenirs étroits qui lient invinciblement le nom de Bonaparte à la première république. (Mouvement.)

M. Pierre Bonaparte. Le nom de Napoléon ! (Interruption prolongée.)

M. Berryer. Et le gouvernement lui-même, dans ce message qu'on a tant applaudi, dans ce message dont on a tant parlé, que dit-il ? De quoi parle-t-il, si ce n'est de *l'instabilité des institutions* que renferme la constitution, si ce n'est du besoin et du *droit de la réviser ;* si ce n'est, je reprends les termes, du *changement des lois fondamentales ;* si ce n'est enfin, c'est encore l'expression, de l'attente d'*une volonté nouvelle de la nation ?*

Messieurs, ne disputons plus sur les mots ; arrêtons-nous à la réalité des choses ; nous sommes dans une situation précaire et transitoire.

On a dit que cet état de choses est celui qui nous convient, parce qu'il nous divise le moins ; oui, quand les partis sont débout ; mais il faut dire pourquoi, il faut le dire avec douleur, c'est que, dans la vérité, cet état de choses c'est l'absence ou plutôt la négation de tout gouvernement.

Un tel état de choses, il est évident, pour tout homme ami de son pays, qu'il ne peut pas se prolonger et qu'il ne se prolongera pas. (Quelques rires à gauche.) Cela est évident, c'est le plus grand de tous les périls ; car, dans cette vie précaire, vous ne pouvez pas engager une discussion un peu sérieuse sur vos intérêts, sur votre situation, sur votre avenir, sans ébranler profondément tous les pouvoirs, toutes les autorités publiques de ce pays ; et sans la force, sans le respect, sans la dignité, sans l'ascendant des institutions, il n'y a aucun ordre possible de société sur la terre.

J'ai entendu dire tout à l'heure que cette situation de la République, il la fallait imputer aux hommes monarchiques, aux royalistes, et qu'il y a dans cette assemblée un nombre immense d'hommes monarchiques, de royalistes comme je le suis. (Marques d'étonnement et rumeurs prolongées à gauche. — Adhésion sur plusieurs bancs de la droite.)

Un membre à gauche. On peut donc crier ici : « *Vive le roi !* »

M. Berryer. Mais nous imputer cet état de choses, on n'en a pas le droit. Examinez notre conduite depuis trois ans. (Vive interruption à gauche.)

Voix diverses à l'extrême gauche. Que fait donc M. le président ?.... Censurez donc, Monsieur le président ! (Réclamations à droite.)

M. Berryer, s'adressant à la gauche. Allons! vous avez raison.... Je donne raison aux interrupteurs.

M. Pelletier. Parlez-nous de vos amis les Autrichiens! (Exclamations et murmures à droite.)

M. Baudin. L'heure de la révision n'est pas encore venue! (Vive agitation et murmures sur les bancs supérieurs de la gauche.)

M. Berryer. Je donne raison aux interrupteurs.

M. le président. Laissez donc la liberté de parler; M. de Lamartine répondra.

M. Berryer. Personne ici ne m'a jamais entendu, sur mon banc, faire une seule interruption à un orateur; personne, jamais! (Murmures à l'extrême gauche.)

M. le président. Laissez donc le président faire son devoir. C'est vous seuls maintenant qui troublez l'ordre. Respectez la liberté de la tribune.

Voix à l'extrême gauche. Comment! on va nous censurer parce que d'autres crient : *Vive le roi!*

M. Léo de Laborde, s'adressant à l'extrême gauche. Vous vous êtes déclarés socialistes à la tribune.

M. le président, à M. Léo de Laborde. Vous voulez donc faire le pendant? (On rit.)

M. Berryer. Je répète que l'on veut imputer aux hommes monarchiques cette situation de la république. J'ai mis trop de concision dans la forme, en parlant de mon royalisme; on ne peut se tromper, et, si vous le voulez, je dirai : Royaliste dans mes convictions, dans mes opinions, comme je l'ai été, comme j'ai dû l'être pendant cinquante-huit ans de ma vie. (Mouvement.)

Je disais : Examinez notre conduite depuis le premier jour. Et, d'abord, qu'il me soit permis de dire que je n'ai menti à personne, que je ne me suis pas menti à moi-même, lorsque j'ai sollicité dans le département des Bouches-du-Rhône l'honneur de faire partie de l'assemblée constituante; j'ai dit, j'ai écrit, j'ai imprimé ceci : « La révolution nouvelle ne fait pas de moi un homme nouveau ; je demeurerai sous la république, comme sous la monarchie, profondément attaché au pays et vigilant pour les intérêts vrais du pays. »

Mais, assis ici dans les rangs de la majorité, quelle a été

notre attitude? Que n'avons-nous pas fait pour soutenir, dans l'intérêt de la société ébranlée, menacée, que n'avons-nous pas fait pour soutenir le gouvernement tel qu'il était alors? Quel concours pour appuyer toute tentative de maintenir l'ordre! quel concours pour ramener les affaires dans une sphère de vérité, dans un ordre de raison et dans une activité de travail! quel conours pour rétablir l'ordre dans les finances et empêcher des désastres à jamais regrettables! Quel jour avons-nous manqué au pouvoir! quel jour ne l'avons-nous pas secondé, toutes les fois qu'il a exprimé des intentions honnêtes?

Est-ce notre faute à nous, hommes monarchiques, comme vous nous appelez, si la commission exécutive a disparu, a été emportée dans la tempête du mois de juin 1848, dans cette terrible et déplorable catastrophe? Est-ce notre faute à nous, est-ce la faute de la majorité, si, du sein même de la commission exécutive, on est venu nous proposer, nous demander de lui substituer un pouvoir nouveau? Et ce pouvoir nouveau, quel appui lui a-t-on refusé? quel secours ne lui a-t-on pas donné?

M. Cavaignac. Je demande la parole.

M. Berryer. Quelle loi ne lui a-t-on pas accordée? que d'abandon, que de confiance pour ce nouveau pouvoir? Est-ce notre faute à nous quand toutes les forces lui étaient remises pour la préservation de la société, pour la consolidation même de la république dont il était et dont il est un des plus sincères défenseurs, est-ce notre faute à nous, si, au bout de cinq mois..... je ne veux pas ici offenser M. le président de la république, Dieu m'en garde! j'ai pour lui une affection très-vraie, et qui date de longues années; elle ne m'a pas déterminé à voter pour lui, le 10 décembre, elle ne m'aveugle pas sur l'avenir qu'il se prépare ou sur l'avenir qu'il peut préparer au pays; mais, cette affection me ferait rougir, cette affection me blesserait intérieurement, si je me laissais entraîner à lui adresser des paroles qui pourraient ressembler à un outrage; — je ne dis qu'un mot : ce n'est pas notre faute à nous si, au 10 décembre, le pouvoir nouveau ayant été soutenu, appuyé pour qu'il donnât toute garantie à la société française et à la république, ce n'est pas notre faute si la nation, à une immense majorité, a remplacé par un nom , par un grand nom , embrassant ainsi une ombre d'hérédité , a remplacé, dis-je, une valeur personnelle très-éclatante et tout à fait incontestable. (Très-bien ! très-bien !)

Et , je le demande à ces hommes qui ont traversé le pouvoir depuis 1848, s'ils jettent leurs regards sur le passé, en se rendant compte de leur conduite , je ne dirai pas en se laissant aller à l'ambition , mais en envisageant la possibilité de revenir au maniement des affaires , croient-ils donc qu'ils retrouveront jamais dans une assemblée un concours plus sincère , plus loyal , plus constant que celui qui leur a été donné par la majorité ? Ne sentent-ils pas , malgré eux , en pénétrant dans les entrailles du pays , en voyant ce qu'il y a au fond de cette vieille France qui ne date pas de trois ans , qui date de quatorze siècles , au fond des habitudes , des mœurs , des besoins de cette nation française , ne sentent-ils pas que , malgré eux , malgré la noblesse , la générosité de leur âme , ils seraient entraînés , malgré eux , je le répète , dans un système de violence et peut-être bientôt de spoliation devenu nécessaire pour briser les obstacles ? Oui , malgré eux , les plus honnêtes gens ouvriraient la porte au socialisme.... (Sensations diverses.)

A gauche. Ah ! voilà !

M. Berryer. Je ne prononce pas ce mot pour entrer dans une discussion tant de fois agitée au sein de cette assemblée.

Pour moi, j'appelle *socialisme* cet assemblage de théories vulgaires , insensées , épuisées, qui se sont produites dans tous les siècles , chez tous les peuples , toutes les fois que les forces de la société ont été affaiblies , amoindries , impuissantes : j'appelle *socialisme* cet amas de mensonges qui fait appel aux plus détestables passions , qui menace tout , en attaquant et la propriété , et la religion et la famille , et , par une conséquence nécessaire, demande le transformation absolue, la ruine de la société... (Rires ironiques à l'extrême gauche. — Vif assentiment sur les bancs de la majorité.)

A droite. Vous pouvez rire , mais c'est bien cela .

M. Berryer. Nous avons vu ce danger , nous le voyons

encore ; nous ne nous laissons pas endormir par un moment de calme , obtenu par de si pénibles efforts et de si généreux dévouements ; nous ne songeons et nous n'avons songé qu'à une chose , à constituer , à consolider , à organiser la résistance , la résistance au nom de tous et dans le seul intérêt de la société.... (Rires et murmures à gauche.)

A ces mots , je vous entends : « La résistance , c'est la pensée rétrograde, c'est la pensée routinière ; nous voulons le progrès, nous demandons le progrès. » Eh bien ! laissez-moi vous dire ma pensée tout entière , sincèrement, telle qu'elle est arrêtée irrévocablement dans mon esprit , depuis que je vois les choses de ce monde et la vie politique.

Le progrès , pour une vieille société , agrandie, enrichie par le développement de tous les intérêts , par la rivalité de toutes les possessions et de toutes les aptitudes à posséder , dans une telle société , le progrès réel , le progrès unique, c'est la puissante union des libertés publiques et d'un pouvoir fort et incontesté. (Murmures approbatifs.)

Voilà le progrès des sociétés vieillies , il n'y en a pas d'autres ; tout le reste est mensonge, tout le reste est péril , tout le reste mène une société à la mort. (Sourdes rumeurs. — Silence ! silence !)

Oui , telle a été notre conviction ; le gouvernement parlementaire, nous avons voulu le maintenir , nous voulons le défendre , et pour le présent, et pour l'avenir ; nous ne connaissons pas d'autres ressources au pays, et tous mes efforts , pour ma faible part, tous mes efforts ont été d'assurer l'union de ces éléments divisés de la société , de former un point d'appui, une armée de résistance, en rassemblant tout ce qu'il y a d'intelligences honnêtes, actives, dans ce pays , tout ce qu'il y a d'hommes éclairés et expérimentés , tout ce qu'il y a d'hommes possesseurs d'intérêts légitimes , de les unir, oui.... ; et si l'on veut, oubliant les divisions que les révolutions passées ont faites, si on veut surmonter les ressentiments , les préventions que ces révolutions ont pu jeter dans les cœurs , de cette hauteur , Messieurs , on voit trop clairement que dans notre patrie , si menacée et si malheureuse , il n'y a de divisions réelles qu'entre les hommes et non point entre les choses ; qu'il n'y a de divisions que dans des vues , des situations particulières , mais qu'il n'y en a point sur le fond des pensées , sur le fond des intentions , sur le fond des principes , qui doivent dominer et protéger cette société. Oui , demander l'union , demander la fusion , pour dire le mot , de tous les partis que les événements passés ont irrités les uns contre les autres , c'est vouloir restituer à la société les forces qui lui appartiennent , et qu'elle ne peut reconquérir que par notre accord le plus complet.

Oui, il n'y a pas de légitimiste ou d'orléaniste , ou de républicain modéré , il n'y en a pas un qui conteste maintenant et qui repousse un seul des grands principes fondamentaux d'un gouvernement représentatif et régulier ; il n'y a personne parmi nous qui soit en désaccord sur aucun de ces principes : égalité devant la loi, liberté de conscience, séparation de l'ordre civil et de l'ordre religieux , égalité d'admissibilité à tous les emplois , à tous les avantages sociaux. Oui , nous les voulons tous , et c'est pour cela que nous devons nous unir pour réaliser les garanties pratiques, les garanties permanentes de ces droits, de ces libertés, de ces intérêts , dans un gouvernement constitutionnel et parlementaire, (Vive approbation à droite. Très-bien ! très-bien !)

Les divisions ! les divisions ont appauvri et affaibli la France , mais elles ne l'ont pas ruinée. Il y a encore des cœurs assez généreux pour se mettre au-dessus des préoccupations particulières , au-dessus des intérêts étroits des partis, pour n'envisager que l'intérêt général de la nation , pour n'envisager que l'intérêt du pays, sentir par où on se touche, par où on se comprend, par où on est uni d'intention, de volonté, de convictions, et constituer ainsi une armée vigoureuse qui résiste au nouvel envahissement des barbares sur l'Europe. (Acclamations chaleureuses sur les bancs de la majorité. Bravos et applaudissements. Exclamations ironiques et murmures à gauche.)

J'en conviens, les grands et terribles événements de 1848, ont opéré déjà ce rapprochement en partie; mais je veux dire toute ma pensée. (Dites ! dites !) Ce rapprochement entre les partis, il a été fait plutôt en vue du péril imminent, que par un sentiment de mutuelle confiance, que

par un sentiment profond de la nécessité , c'est-à-dire de
cette vérité que nous nous sommes, dans l'intérêt commun
de la France , éminemment nécessaires les uns aux autres.
C'est cette nécessité qu'il faut faire sentir, qu'il faut dé-
montrer ; c'est ce besoin de mutuelle et entière confiance
qui nous doit unir et qu'il faut fortifier de jour en jour.

Quelle politique, quelle conduite faut-il tenir? (Mouvement redoublé d'attention.)

Cette politique, la voici : Cette politique, c'est qu'il faut
resserrer les liens de la majorité par une résolution com-
mune , par une résolution sincère de ne pas violenter la
marche des événements, par la volonté ferme , par la volonté loyale de ne pas prétendre ni dominer, ni surprendre
ce pays au nom d'un parti. (Très-bien ! très-bien.)

Ce qu'il faut pour renouer cette majorité qu'on déchire,
c'est de fuir, c'est de détester, au nom du pays, toute politique de récrimination ; ce qu'il faut, c'est de montrer à
tout homme honnête qu'on veut marcher vers un avenir où
il se sentira en possession de la plénitude de sa dignité personnelle. (Très-bien ! très-bien !)

Voilà la politique qu'il faut suivre sans conspirations,
sans intrigues, sans tentatives apparentes ou cachées : c'est
vers ce but qu'il faut marcher, et laisser la France juge de
ses vrais intérêts, libre maîtresse de ses destinées. (Approbation à droite.)

Messieurs, cette politique est la mienne et celle de mes
amis.

Voix nombreuses à droite. C'est vrai ! c'est vrai ! — Bravo !

M. Berryer. Cette politique, j'ai épuisé tous mes efforts,
mais Dieu me donnera des forces, afin de l'inspirer à tous
ceux qui sont ou qui furent mes amis, à tous ceux qui sont
encore ou qui ont été mes adversaires.

Vous me parlez de conspirations, vous me parlez de complots, eh ! vraiment, je n'en ai pas fait d'autres ! Mon travail, dans le but de constituer ainsi la majorité, de la consolider, de former, je le répète, cette armée de la résistance ;
mon travail, dans ce but, est patent, il est public. Vous
parlez de voyages à Wiesbaden, de voyages à Claremont,
de conspirations ! Oui, pendant que des membres illustres
de cette assemblée allaient au lit de mort du vieux monar-

que qu'ils ont servi; pendant qu'ils allaient partager ou les anxiétés ou les douleurs de jeunes princes qu'ils ont aimés, et qui ont eu cet avantage que nos soldats les ont connus à Saint-Jean-d'Ulloa, à Mogador, à Constantine... (Acclamations sur plusieurs bancs.)

Une voix à l'extrême-gauche. Et à Waterloo ! (Hilarité générale. — Longue interruption.)

Un membre à droite. C'est une infamie !

Un autre membre. Dites plutôt une absurdité !

M. Berryer..... Pendant qu'ils eédaient aux inspirations d'un souvenir reconnaissant, auquel je ne reproche pas à plusieurs de MM. les ministres d'avoir obéi eux-mêmes..... (Ah ! ah ! — On rit. — Très-bien !) moi, Messieurs, laissez-moi toute ma liberté et toute ma franchise, moi, Messieurs, pendant ce temps, j'allais, avec un grand nombre de mes amis, voir un autre exilé qui est étranger à tous les événements accomplis dans ce pays, qui n'a jamais démérité de la patrie, qui est exilé parce qu'il porte en lui le principe qui, pendant une longue suite de siècles, a réglé en France la transmission de la souveraineté publique; qui est exilé parce que tout établissement d'un nouveau gouvernement en France est nécessairement contre lui une loi de proscription; qui est exilé, enfin, laissez-moi le dire, parce qu'il ne peut pas poser le pied sur le sol de cette France, que les rois ses aïeux ont conquise, agrandie, constituée, sans être le premier des Français, le Roi ! (Vive approbation à droite. — Exclamations, murmures à gauche.)

Mais ne croyez pas que je veuille dire qu'en me rendant à Wiesbaden, j'aie seulement obéi à un sentiment d'attachement, de respect ou de sympathie; non ! non ! J'ai fait autre chose; j'ai fait plus : j'ai fait un acte politique dont je veux rendre compte. (Marques d'attention.)

Oui, je suis allé... Ecoutez-moi jusqu'au bout ; la très-bonne foi est une grande puissance dans notre pays. (C'est vrai !) Le respect de la bonne foi est une grande élévation du caractère national. (Très-bien ! très-bien !) Les réticences, les malentendus, Messieurs, font les défiances, les préventions, les haines, c'est-à-dire sont la source de tous les maux publics. Ecoutez-moi donc ! (Nouvelle approbation.)

Oui, je suis allé faire à Wiesbaden un acte politique. Oui, avec mes amis, j'ai porté à Wiesbaden cette politique à laquelle je vous ai dit que j'avais dévoué ces trois dernières années, et que je n'abandonnerai pas tant qu'il me restera un souffle de vie ; cette politique d'union de tout ce qui est honnête, de tout ce qui est respectable dans mon pays, avec un entier oubli de tous les dissentiments, de toutes les luttes, de toutes les divisions passées. (Nombreuses marques d'assentiment à droite.) Oui, au nom de la société française, j'ai été y porter cette politique ; mais ma besogne était faite ; l'œuvre était accomplie d'avance ; j'ai trouvé dans le cœur du prince tous ces sentiments, tous ces principes, toutes ces pensées, toutes ces convictions. (Agitation et rumeurs à gauche.)

M. Aubry (du Nord). Il n'y a pas de prince ici ! Dites : M. de Chambord !

M. Berryer. Il n'est plus sous vos lois, vous l'avez exilé, je l'appelle par son nom !

A droite. Très-bien !

M. Berryer. Oui ! il a dans le cœur, il a dans la tête cette même détestation des complots, des conspirations, des guerres civiles.

Ne parlez pas de trames secrètes : lui et ses amis ont besoin de respirer à l'air libre, au grand air, à découvert. (Approbation à droite.) Ne parlez pas de conspiration ; non, non, il n'y a pas de tentatives de restauration subreptice.

Croyez-vous donc, Messieurs, que celui qui n'a connu que les douleurs des demeures royales, soit si impatient d'y rentrer, au risque d'appeler sur le pays des malheurs et des désastres qui le feraient maudire ? (Rumeurs et rires ironiques à gauche.)

A droite. Attendez le silence ! — Très-bien ! très-bien !

M. Berryer. Et croyez-vous qu'il soit un ami dévoué qui puisse lui conseiller ce jeu terrible et coupable ? Non ! je le répète encore une fois, non ! je l'atteste sur l'honneur que j'ai dans mes veines, non ! il n'y eut autre chose à Wiesbaden que cette pensée, que cette déclaration, qu'il fallait unir dans l'oubli de toutes les révolutions, de toutes les dissensions passées, les bons vouloirs et les intelligences honnêtes de ce pays ; qu'il fallait déraciner de tous les cœurs les ressentiments, les haines, les préventions que les malheurs passés y ont fait germer. Voilà le compte-rendu complet, vrai, de notre voyage à Wiesbaden; tout autre compte-rendu est altéré ou complétement dénaturé. (Vive adhésion sur une grande partie des bancs de la droite. — Quelques applaudissements s'y font entendre. — Des rumeurs et des interpellations confuses éclatent sur les bancs supérieurs de la gauche.)

Plusieurs membres. Et la circulaire ! Et le ministère !

Plusieurs voix à droite. Ne répondez pas !

M. le président, s'adressant à l'extrême gauche. N'interrompez pas ! Choisissez un orateur qui répondra ! (On rit.)

M. Berryer. Si! il faut répondre; je ne veux point que d'un coin de cette assemblée, que d'une partie quelconque de cette assemblée, que de la bouche d'hommes à côté desquels je siége, il sorte d'interpellations puériles et ridicules. Je viens de vous faire ma révélation : dans toutes nos conversations, dans tout notre langage, il y a eu l'abandon de toutes prétentions, le sacrifice de tout intérêt de parti, pour ne songer qu'à l'union, à la fusion, qui seule peut protéger la société française (Rumeurs à gauche), et on vient vous présenter l'idée que des hommes qui ont rejeté le pouvoir à eux offert dans des temps plus stables, auraient été solliciter je ne sais quel pouvoir ridicule, insignifiant et vain? (Mouvement à gauche.) Ah! vraiment, vous n'honorez pas suffisamment, vous ne respectez pas suffisamment des hommes auxquels vous accordez cependant quelque peu d'intelligence et quelque peu de bon sens!

Je ne répondrai pas à cette supposition d'un ministère créé, je ne répondrai pas à ce qu'on a dit de manifestes, de circulaires. J'en ai dit assez en faisant un compte-rendu vrai. Voulez-vous que j'ajoute un mot? Eh bien! je vous dirai tout.

Si vous avez lu, avec intelligence, le document dont vous me parlez, vous devez être bien convaincus que ce n'est pas à moi qu'il faut en demander compte. Ce document vous lui avez accordé, on a voulu lui attribuer une importance à laquelle il n'avait aucun droit; et, pour tout dire en un mot, si M. le comte de Chambord avait cru qu'il fût utile, qu'il fût temps de dire à la France ses sentiments, ses convictions, ses inspirations, il n'aurait emprunté ni le nom, ni la pensée, ni le langage de personne. (Vive approbation sur plusieurs bancs de la droite. — Nouveaux rires à l'extrême gauche.)

Je résume donc cet examen de notre situation, et ce que je viens de dire sur les complots et sur les voyages : Il n'y a au fond de tout cela, je le répète, que la vie, l'action libre et patente des partis, des partis à la veille du jour fixé pour la révision et la modification totale ou partielle de la Constitution; il n'y a pas autre chose dans les efforts de ces hommes que vous appelez monarchiques, que la résolution de former, de maintenir dans son entier une majorité liée par la communauté de principes politiques, dans l'intérêt de la véritable liberté. (Rires à gauche.) Oui, j'ai pu vous parler avec précision, en évitant toute équivoque, j'ai pu vous parler avec liberté, pourquoi? C'est parce que la majorité, sous la république, a su comprimer les excès, les violences ; la tribune serait muette sans nous. (Rumeurs et rires à gauche. — Approbation à droite.)

Maintenant, MM. les ministres n'ont-ils pas commis la témérité coupable d'exposer cette majorité à un déchirement ? (Mouvement.)

Je crois à leur bonne foi quand ils me protestent de leurs efforts pour la reconquérir et la rallier ; je crois à leur bonne foi ; mais ils n'ont pas plus de bonne foi, ils n'ont pas plus de droiture, ils n'ont pas plus de sympathies dans cette assemblée, que le ministère qui a précédé le 31 octobre ; mais ce ministère, avec sa bonne foi, avec sa droiture, avec son talent, avec ses sympathies dans l'assemblée, a été renversé par une prétention d'omnipotence personnelle. (Mouvements en sens divers.)

Et je dis à l'assemblée : Arrêtez-vous au premier pas ; si la majorité qui sauva la société française est brisée ; si elle est scindée, comme je le vois en contemplant l'agitation et les votes divers au sein de la commission, et les frémissements qui ont régné sur ces bancs depuis deux jours ; si elle est brisée, si la nation cesse de voir en elle son plus ferme appui et sa plus certaine ressource, je déplore l'avenir qui est réservé à mon pays. Je ne sais pas quels seront vos successeurs, je ne sais pas si vous aurez des successeurs; ces murs resteront peut-être debout, mais ils seront habités par des législateurs muets. (Vive agitation.— Très-bien! très-bien! — Réclamation au banc des ministres.)

M. Vieillard. Vous n'avez pas le droit de dire cela.

M. le ministre de l'intérieur. N'ayez pas peur.

M. Berryer. Encore une fois, je n'accuse, écoutez-moi bien, je n'accuse les intentions, les projets de personne dans cette enceinte. (Exclamations. — Rires sur plusieurs bancs.) Non, je ne vois qu'une chose, c'est la marche, c'est la puissance, c'est la domination des événements, si la digue de la résistance ne reste pas debout. C'est là ce que j'entrevois, et je dis que si la majorité de cette assemblée est brisée, nous aurons à subir en France ou le mutisme qui nous sera imposé par une démagogie violente, ou le mutisme qu'un absolutisme absurde tentera de faire peser sur le pays,

A droite. Très-bien! très-bien!

(L'honorable orateur, en descendant de la tribune, reçoit les félicitations de ses amis.)

(La séance reste suspendue pendant un quart d'heure : il règne dans l'assemblée une grande agitation.)

LETTRE DE M. LE COMTE DE CHAMBORD.

« Venise, le 23 janvier 1851,

« Mon cher Berryer,

« J'achève à peine de lire le *Moniteur* du 17 jan-
« vier, et je ne veux pas perdre un instant pour
« vous témoigner toute ma satisfaction, toute ma
« reconnaissance pour l'admirable discours que vous
« avez prononcé dans la séance du 16.

« Vous le savez, quoique j'aie la douleur de voir
« quelquefois mes pensées et mes intentions déna-
« turées et méconnues, l'intérêt de la France, qui
« pour moi passe avant tout, me condamne souvent
« à l'inaction et au silence, tant je crains de trou-
« bler son repos, et d'ajouter aux difficultés et aux
« embarras de la situation actuelle ! Que je suis
« donc heureux que vous ayez si bien exprimé des
« sentiments qui sont les miens et qui s'accordent
« parfaitement avec le langage, avec la conduite
« que j'ai tenue dans tous les temps ! Vous vous en
« êtes souvenu. C'est bien là cette politique de
« conciliation, d'union, de fusion, qui est la mienne,
« et que vous avez si éloquemment exposée ; poli-
« tique qui met en oubli toutes les divisions, toutes
« les récriminations, toutes les oppositions passées,
« et veut, pour tout le monde, un avenir où tout
« honnête homme se sente, comme vous l'avez si
« bien dit, en pleine possession de sa dignité per-
« sonnelle.

« Dépositaire du principe fondamental de la mo-
« narchie, je sais que cette monarchie ne répondrait
« pas à tous les besoins de la France si elle n'était
« en harmonie avec son état social, ses mœurs, ses
« intérêts, et si la France n'en reconnaissait et n'en
« acceptait avec confiance la nécessité. Je respecte
« mon pays autant que je l'aime ; j'honore sa civili-
« sation et sa gloire contemporaine, autant que les
« traditions et les souvenirs de son histoire. Les
« maximes qu'il a fortement à cœur et que vous
« avez rappelées à la tribune, l'égalité devant la
« loi, la liberté de conscience, le libre accès à tous

« les mérites pour tous les emplois, à tous les hon-
« neurs, à tous les avantages sociaux, tous ces
« grands principes d'une société éclairée et chré-
« tienne, me sont chers et sacrés comme à vous,
« comme à tous les Français. Donner à ces princi-
« pes toutes les garanties qui leur sont nécessaires
« par des institutions conformes aux vœux de la na-
« tion, et fonder, d'accord avec elle, un gouverne-
« ment régulier et stable, en le plaçant sur la base
« de l'hérédité monarchique et sous la garde des
« libertés publiques, à la fois fortement réglées et
« loyalement respectées, tel serait l'unique but de
« mon ambition. J'ose espérer qu'avec l'aide de tous
« les bons citoyens, de tous les membres de ma
« famille, je ne manquerais ni de courage, ni de
« persévérance pour accomplir cette œuvre de res-
« tauration nationale, seul moyen de rendre à la
« France ces longues perspectives de l'avenir, sans
« lesquelles le présent, même tranquille, demeure
« inquiet et frappé de stérilité.

« Après tant de vicissitudes et d'efforts infruc-
« tueux, la France, éclairée par sa propre expé-
« rience, saura, j'en ai la ferme confiance, recon-
« naître elle-même où sont ses meilleures destinées.
« Le jour où elle sera convaincue que le principe
« traditionnel et séculaire de l'hérédité monarchique
« est la plus sûre garantie de la stabilité de son gou-
« vernement, du développement de ses libertés, elle
« trouvera en moi un Français dévoué, empressé
« de rallier autour de lui toutes les capacités, tous
« les hommes qui, par leurs services, ont mérité la
« reconnaissance du pays.

« Je vous renouvelle encore, mon cher Berryer,
« tous mes remerciements, et vous demande de con-
« tinuer, toutes les fois que l'occasion vous en sera
« offerte, à prendre la parole, comme vous venez
« de le faire avec tant de bonheur et d'à-propos.
« Faisons connaître de plus en plus à la France nos
« pensées, nos vœux, nos loyales intentions, et at-
« tendons avec confiance ce que Dieu lui inspirera
« pour le salut de notre commun avenir.

« Comptez toujours, mon cher Berryer, sur ma
« sincère affection.

« HENRI. »

LETTRE DE M. ANOT DE MAIZIÈRES.

A M. CHAMBOLLE *représentant du peuple et rédacteur en chef*
du journal l'Ordre.

Après avoir pris part, sous votre courtoise et amicale
direction, à la rédaction du *Siècle*, et depuis à celle de
l'*Ordre*, je me vois, avec un vif regret, obligé de renoncer
à une communauté de travaux où, pour le moment, nous
avons cessé d'être pleinement d'accord.

Mais, en me séparant de vous, je sens que c'est un
devoir de vous donner les raisons de ma retraite, et ces
raisons les voici :

Vous semblez croire possible et désirable une restauration de la monarchie de juillet, et il m'est démontré, à
moi, qu'un tel but ne doit pas être poursuivi et qu'il ne
peut être atteint.

Si le rétablissement de la monarchie en France est une chose à tenter, il ne faut y travailler, suivant moi, que par une fusion des deux familles royales qui amènerait celle des partis.

Le moment est venu de traiter une question aussi grave, et que de redoutables événements peuvent, d'un moment à l'autre, mettre à l'ordre du jour, car le calme actuel de la France et de l'Europe me paraît être le calme qui précède l'orage.

L'ambition montrée à Strasbourg, à Boulogne, à Satory n'est point résignée, du moins quant au parti qui l'exploite, cinquante journaux en font foi ; l'insurrection de juin n'est point vaincue, la démonstration récente qui a eu lieu sur l'emplacement de la Bastille et les applaudissements donnés par la montagne à M. Marc Dufraisse en sont la preuve.

Les arrangements qui se font à Dresde, les mouvements de troupes qui ont lieu vers nos frontières annoncent que l'Europe monarchique *songe au moins à nous surveiller*.

Enfin, la fatale et inévitable crise de 1852 approche, approche sans cesse, et nous ne pouvons nous dissimuler qu'elle ne soit attendue avec une sinistre impatience par tous nos ennemis du dehors et de l'intérieur.

Pour tous les citoyens honnêtes, n'est-ce pas le moment de se prononcer sur ce qu'ils doivent faire ? Ils ont à choisir entre la république et la monarchie.

La république, en 1848, a été une nécessité, et nous avons attendu d'elle le salut de la France, quand vous et moi, dans le *Siècle,* nous avons soutenu la candidature du général Cavaignac, et proposé l'établissement d'un sénat qui, comme à Rome et aux Etats-Unis, éclairât et contînt l'effervescence des tribuns élus par les masses et souvent aveugles comme elles.

On a repoussé nos idées et notre candidat.

Dans le choix du président de la république, on a oublié les plus beaux services pour récompenser les plus coupables témérités. Des gens qui déclaraient ne vouloir plus de rois, ont mis à la tête de leur république, qui ?

Un prince, et un prince qui, deux fois, avait tenté, à main armée, d'arriver au trône.

D'autre part, dans la rédaction de la constitution, on a amoindri le pouvoir en haine de ceux qui en avaient abusé ; la présidence a expié les erreurs du gouvernement *personnel*. Parce qu'il y avait eu sous l'*Empire* un *sénat* servile, sous la Restauration une *pairie* aveugle, sous la royauté de juillet un *pays légal* corrompu, on n'a plus voulu d'aristocratie d'aucun genre ; on a ainsi ôté au gouvernement l'appui que lui donnent les hommes de grand talent, de haute expérience et de mérite rare, que révèlent, soit des services rendus, soit la voix publique ; on n'a voulu ni reconnaître ni employer les supériorités morales et intellectuelles ; la force numérique a été proclamée la vraie force, et cette force a été abandonnée à elle-même, ou plutôt elle a été livrée aux passions démagogiques, et, comme le disait un ministre anglais : *La France a placé le vaisseau qui porte sa fortune sous la protection des tempêtes*. C'est bien en vain que dans cette triste constitution on a cherché à donner au pays les moyens de faire connaître sa volonté ; on ne les a pas trouvés. Dans des temps de troubles, chaque parti se proclame l'interprète du peuple, et, à un jour donné, tout le monde est la nation, *excepté la nation elle-même*.

Nous demandions que nos législateurs prissent conseil de l'histoire de deux grandes républiques, Rome et les Etats-Unis ; on n'a écouté que les passions contemporaines.

Voilà comment nos espérances de démocratie intelligente et de gouvernement national ont été déçues par une assemblée qui s'est mise à la suite de ces masses qu'elle devait éclairer et conduire.

Voilà dans quelles déplorables conditions a été placée notre république, accusée d'ailleurs par tant d'affreux souvenirs, imposée à la France par une émeute parisienne, et que songeaient déjà à renverser ceux qui la proclamaient avec le plus d'empressement.

Est-il étonnant qu'on la juge impuissante à nous sauver des périls où nous sommes, et qu'elle contribue à augmenter ?

Ne nous faisons point illusion sur notre position.

A l'intérieur, les deux grands pouvoirs de l'Etat sont en guerre, notre armée est placée entre deux influences, dont l'une lui crie : *Vive l'Empereur !* et l'autre : *Respect à l'Assemblée !* Et en même temps qu'on pousse nos soldats à la révolte, on pousse nos ouvriers aux émeutes socialistes. Nous devons, en outre, sept milliards, notre dette flottante est de six cents millions, les déficits du budget s'accroissent chaque année ; à la première commotion, une banqueroute est *inévitable.*

Au dehors, nos anciennes alliances avec Naples, la Belgique, l'Espagne, la Turquie et les petits Etats de l'Allemagne sont rompues par la chute politique de cette maison de Bourbon qui les avait formées, et les deux puissances qui détestent le plus notre révolution, la Prusse et l'Autriche, viennent de reprendre en Italie, en Hongrie, en Allemagne, une position deux fois plus forte que celle qu'elles avaient jadis, et, à supposer qu'elles ne nous fassent pas la guerre, il est certain, du moins, qu'elles vont former autour de nous un blocus qui ruinera notre influence diplomatique et notre commerce extérieur, en nous tenant dans une continuelle inquiétude.

Humiliation, anarchie, dettes, périls, voilà notre état présent. Ainsi, en présence des ennemis de l'intérieur et du dehors, nous ne pouvons désarmer, et, si nous maintenons nos armements, nous nous ruinons. Il faut donc aviser à nous tirer de là. Une chose me paraît visible, c'est que nul parti n'est, à *lui seul*, en mesure de nous sauver ; c'est qu'une fusion entre tous les amis de l'ordre est souhaitable, avant les mauvais jours qui sont si près de nous. L'Elysée ne peut rien sans l'armée, qui a refusé de le suivre ; le parti d'Orléans ne peut rien sans l'assemblée, où il vient de reconnaître qu'il est en faible minorité ; le parti légitimiste est impopulaire, parce qu'on le suppose hostile aux principes de 89, que la nation ne veut et ne peut abandonner ; enfin, le parti de Cavaignac, parti honnête qui sauverait la république, si la république pouvait être sauvée, a contre lui tous les royalistes et presque tous les républicains.

Qui ramènera vers un point commun toutes ces forces divergentes ? Qui donnera l'exemple et le signal des concessions? Le comte de Chambord nous paraît avoir compris, comme son aïeul Henri IV, que c'était à lui à entrer le premier dans la voie de la réconciliation, car, en se plaçant comme il l'a fait, sur le terrain du droit national, véritable base du droit monarchique, il a choisi un lieu de rendez-vous que les orléanistes et ceux des républicains *qui ne veulent que la liberté*, peuvent accepter avec honneur, il a montré que, s'il savait *aimer* son pays, il savait aussi le *respecter*, qu'il ne voulait régner qu'avec les idées et les hommes de son époque. Aux membres de sa famille, il a dit : Affection fraternelle; aux républicains, il a dit : Libertés publiques; à la France entière, il a dit : Dignité au dehors et repos au dedans.

Soyons francs :

Avec lui, que perdons-nous? Nous perdons les vaines espérances d'une république dont nous n'avons pas la réalité. Et en échange de ces mensonges, que recouvrons-nous? Nous recouvrons les seuls biens qui soient vraiment précieux : la liberté modérée, qui préserve de l'anarchie; le repos, qui seul rend possibles les travaux de l'industrie et du commerce; le crédit, qui est l'âme des affaires, et enfin, la confiance de l'Europe, ce qui nous permet de réduire notre armée et les dépenses qu'elle nous impose.

Lui régnant, notre famille royale réconciliée, accrue et raffermie, reprend son rang en Europe, où elle nous rend nos alliances, et, s'il désavoue son entourage, le président actuel de la république, se rattachant à elle par une parenté de gloire, obtient en France une position analogue à celle du prince Eugène en Russie. Nous doutons que le parti élyséen puisse lui garantir une aussi belle destinée.

Le comte de Chambord régnant, les grandes positions sociales conquises par d'éminents services rendus à l'Etat, par de grands travaux scientifiques ou littéraires, par de grandes améliorations industrielles, se groupent autour de son trône, auquel elles donnent un appui utile, en même temps qu'elles deviennent, par l'émulation qu'elles inspirent, un principe d'activité dans le sein de la nation entière.

Sous le règne du comte de Chambord, l'Etat et les particuliers, redevenus plus confiants dans l'avenir, et par conséquent plus libres dans leurs dépenses, se remettent à encourager les arts, qui appellent de riches étrangers en France, et qui, par là, accroissent notre fortune, notre influence et la gloire de nos artistes, aujourd'hui si délaissés.

Par la même raison, la littérature, dont les progrès sont ceux de la civilisation même, reprend ses travaux interrompus. Enfin, l'Europe monarchique, que nous cessons d'inquiéter, renonce à prendre contre nous, des précautions qui nous forcent d'en prendre contre elle et qui nous ruinent.

Alors, mais seulement alors, la paix qui devient assurée, porte ses fruits; alors et seulement alors, les grands principes de 89 deviennent applicables, car il n'y a qu'un pouvoir fort qui puisse supporter le régime de la liberté. Les chênes qui résistent le mieux aux orages, sont ceux qui plongent à une plus grande profondeur leurs racines séculaires.

A qui donc nuirait le changement que nos vœux appellent? A un seul parti, au parti des démagogues, lequel en soixante-dix ans, nous a coûté sept milliards, absorbés par les frais des révolutions qu'il nous a suscitées; au parti qui, après avoir versé des flots de sang, ne nous a laissé, ni une conquête, ni une institution, ni une alliance, qui nous paie de nos malheurs, et qui n'a fait que dénaturer, en y touchant, la grande œuvre de la première assemblée constituante.

Que la monarchie elle-même ait parfois failli, ce n'est pas nous qui le nierons, nous, hommes de l'opposition et qui l'avons tant de fois avertie; mais comme institution, est-elle responsable des erreurs des monarques et de leurs ministres? En somme, n'a-t-elle pas été parmi nous modérée et nationale? Sans remonter bien haut, ne lui devons-nous pas, sous Louis XVI, l'émancipation de ces Etats-Unis qui pour jamais a enlevé à l'Angleterre la domination des mers? Ne lui devons-nous pas, sous Louis XVIII, l'établissement du gouvernement représentatif? Ne lui devons-nous pas, sous Charles X, la magnifique conquête de l'Algérie? Ne lui devons-nous pas les dix-huit années de prospérité matérielle que nous a données le règne de Louis-Philippe? Est-il sensé, d'ailleurs, est-il juste d'imposer la peine des erreurs commises autrefois au petit-fils de Charles X et au petit-fils de Louis-Philippe? L'un et l'autre ne peuvent-ils pas dire, comme l'agneau de la fable :

> Comment l'aurais-je fait, si je n'étais pas né?

Le malheur des temps les a mis tous deux dans des conditions de sagesse politique admirables : exilés, ils ont été moins flattés; instruits à l'école de l'infortune, ils ont eu ainsi la meilleure des éducations; témoins de nos troubles sans y avoir pris part, ils les jugeront avec plus d'impartialité.

Pour ne pas être trompé, comme l'a été son aïeul, le comte de Chambord a été admirablement servi par les événements ; il n'a *point d'amis ;* ni le clergé ni la noblesse n'ont émigré avec lui, comme avec Charles X; s'il rentre en France, il ne devra donc son retour ni à une Vendée, ni à une armée de Condé, ni à une coalition de rois étrangers ; il n'en sera redevable qu'à la France, qui, par conséquent, aura seule droit à sa reconnaissance.

Il n'a pas non plus d'injures à ressentir ou de vengeances à redouter; personne ne l'a offensé, il n'a offensé personne.

Il aurait plus que tout autre une autorité forte et solide, car il serait pour les uns l'héritier légitime de la couronne, et il serait pour les autres un principe d'ordre utile à la liberté même et adopté par la nation.

Sa politique ne pourrait être exclusive, car, en demandant, comme il l'a fait, le concours de tous les membres de sa famille, il promet sa bienveillance aux serviteurs et aux amis d'une maison redevenue la sienne.

Supposer qu'il prendra pour guide la portion fanatique du parti légitimiste, c'est supposer qu'il n'écoutera que ces aveugles et ces insensés qui ont causé tous les malheurs de sa famille et les siens, c'est oublier que son manifeste annonce des vues tout opposées, c'est oublier qu'il ne prend conseil que des hommes les plus éclairés et les plus parlementaires.

Nous ne l'ignorons pas pourtant; par de bons esprits et de nobles cœurs d'autres solutions ont été proposées.

Examinons-les successivement, à commencer par celle qui a pour but le rétablissement de la royauté de juillet.

Qui ne voit que, née d'une insurrection, cette royauté a été tuée par une autre insurrection, et que, même à la supposer sortie d'un vote parlementaire, il ne serait pas possible de soutenir que ce vote nous lie aujourd'hui, et qu'il exclut toute prétention fondée sur le passé ou sur un vote ultérieur ; non, une idée pareille ne peut venir à personne, autant vaudrait nous dire liés par le sénatus-consulte de 1804, qui a créé l'empire.

Invoquer le droit héréditaire du comte de Paris, tout en niant celui du comte de Chambord comme vaincu par le temps, c'est autoriser l'Elysée, qui est plus jeune encore, à nier l'un et l'autre.

Retrancher le comte de Chambord de la famille de Bourbon, dont il est le chef, c'est décapiter le principe même qu'on invoque, c'est dire que les d'Orléans ne sont rien de plus que les autres Français.

Et puis, serait-il bien aux princes d'Orléans de nier aujourd'hui le droit du comte du Chambord, dont certainement ils se prévaudraient demain, si ce prince venait à mourir? Peuvent-ils se poser tout à la fois comme héritiers de la royauté de 1830 et comme héritiers de la royauté de Louis XIV? Eh quoi! en se tournant vers le chef de leur maison, ils lui diraient : « Nous sommes les élus de 1830. » Puis, se tournant vers l'élu du 10 décembre, ils lui diraient :

Nous sommes les héritiers de la royauté légitime ! « Peuvent-ils se réserver ainsi le bénéfice d'une double éventualité par un double mensonge ? Serait-ce là de la franchise ? Serait-ce là de la dignité ?

Les d'Orléans prouveraient, en acceptant ce rôle de Janus, qu'ils ne sont préoccupés que de leur intérêt personnel, et qu'ils sont indifférents à celui de la France.

Or, ils doivent le comprendre, il ne s'agit pas d'eux seulement et de leur cousin, il s'agit de la France. La question qui nous occupe est avant tout une question nationale.

Une seconde solution, c'est la candidature du prince de Joinville à la présidence de la république.

Mais faire à ce prince une offre semblable, n'est-ce pas lui demander, s'il l'accepte sincèrement, de trahir les intérêts monarchiques de sa famille ? ou s'il médite une restauration monarchique, n'est-ce pas lui demander de trahir les républicains qui se confieront à sa loyauté ? N'est-ce pas lui proposer, en un mot, de cesser d'être prince ou de cesser d'être honnête homme ?

Il y a une troisième combinaison, c'est la prolongation des pouvoirs du président actuel.

Mais qui ne voit que prolonger l'état où nous sommes, c'est nous condamner à vivre au milieu des crises et des craintes de coups d'état ? C'est nous condamner à l'inaction et à la misère qui en est la suite ; c'est nous condamner à déchoir de notre rang en Europe et à souffrir toujours ce qui dès aujourd'hui est devenu intolérable.

Quant à redemander l'empire, comment y penser ? Qu'était-ce donc que le régime impérial avec son sénat impotent, son corps législatif muet, ses commissions militaires remplaçant les tribunaux, ses confiscations, sa censure, ses conscriptions homicides, son blocus continental, ses attentats de Vincennes, de Fontainebleau et de Bayonne, sinon un détestable gouvernement que pouvait absoudre à peine le génie d'un grand homme qui n'est plus ?

Poser enfin la candidature de Cavaignac, c'est admettre qu'après avoir échoué avec tous les moyens de succès, il peut réussir, en dépit de tous les obstacles, à fonder parmi nous une république.

Il est donc sage de préférer à toutes ces combinaisons, qui sont toutes exclusives, celle qui prend quelque chose à chacune d'elles, qui donne au comte de Chambord la couronne, aux d'Orléans l'éventualité de son héritage, aux républicains le gouvernement parlementaire, au parti impérialiste une indemnité pour la perte de ses dotations, et à la nation le repos à l'intérieur avec des alliances au dehors.

Une telle idée est *simple,* elle peut donc être offerte aux masses, qui ne se passionnent jamais que pour ce qu'elles comprennent parfaitement.

Elle est *morale,* car, si elle demande à tous des sacrices, à tous aussi elle accorde le prix de ces sacrifices.

Elle est *nationale,* car elle prend l'intérêt général pour

règle, sans permettre à un parti l'orgueil de la victoire, et sans condamner les autres à l'humiliation d'une défaite.

Elle est *praticable*, car une fois qu'elle aura fait son chemin par la presse, par les pétitions, par les vœux des municipalités, et par les discussions qui, dans deux mois, vont s'ouvrir à l'assemblée, sa force sera *irrésistible;* et quand tout le monde veut une chose, cette chose se fait, et même elle se fait sans violence.

A la première élection présidentielle, il suffira d'avoir un nom qui, sans blesser la loi, manifeste la volonté de la France.

Jusque-là, l'unique souci, pour nous, ce doit être de prouver que nous avons raison, et les événements ont déjà commencé la démonstration.

Il nous reste à présenter une dernière considération.

Les hommes d'Etat estiment peu la politique de sentiment : ils nient la puissance morale, parce que, dans les hautes régions où ils vivent, ils voient que tout se meut par d'autres ressorts ; mais, en réalité, la vraie puissance est celle du cœur, et il est sage de parler à celui du peuple. Depuis qu'ils est tout, le levier des gouvernements doit changer son point d'appui. Eh bien ! ce serait un touchant et noble spectacle à promettre au peuple que celui de la réconciliation de nos familles royales, victimes, comme lui, de nos révolutions, jetées par une double tempête sur le rivage étranger, et qui ne reviendront de l'exil, où elles ont laissé des tombeaux, qu'en ramenant parmi nous des orphelins.

Oui, le peuple verrait avec joie qu'une consolation dernière fût laissée à cette fille de Louis XVI qui lui est présentée comme un enseignement du peu que valent ces grandeurs qu'on lui a fait envier; à cette femme dont le passage sur la terre, du berceau à la tombe, n'aura été qu'une longue série d'épreuves ; qui, survivant à son père, à sa mère, à sa tante décapités, à son frère empoisonné, à son cousin poignardé, à son époux mort dans l'exil, semble avoir eu à porter le plus lourd fardeau de douleurs qui se soit jamais appesanti sur une tête humaine; oui, à cette femme qui a souffert toutes ses souffrances avec la dignité d'une grande reine et la résignation d'une chrétienne, il voudrait qu'on accordât le bonheur de revoir encore la France avant de mourir, et de venir pleurer chez les siens, s'il lui reste des larmes.

Partie d'une rive opposée, tenant aussi à la main un autre orphelin, la veuve de Louis-Philippe serait également un objet de respect pour le peuple, qui ne connaît d'elle que ses vertus et ses bienfaits, et qui espèreraient la retrouver dans ses enfants.

Oui, nous nous trompons beaucoup ou la réconciliation des deux familles royales amènerait celle des partis honnêtes qui ont combattu pour elle ;

Oui, nous nous trompons beaucoup encore, où le rétablissement du bon accord entre tous les amis de l'ordre, ôterait aux démagogues et aux étrangers la pensée de troubler la France, qui aurait recouvré la libre disposition de ses armées et de sa fortune. Oui, le [peuple serait heureux d'un acte de justice qui serait son ouvrage et qui le consolerait de sa souveraineté.

Anot de Maizières.

LETTRE DE M. A. PAGEOT.

A Monsieur le rédacteur en chef du Journal des Débats.

Paris , 11 mars 1851.

Monsieur ,

Persuadé que tout abonné d'un journal est solidaire, dans une certaine mesure, de la politique que ce journal professe, je vous prie de ne plus me compter, à dater de ce jour, au nombre de vos abonnés.

Vous devinerez facilement que l'article du *Journal des Débats* de ce matin sur la fusion est la cause de cette détermination. Je ne puis consentir à m'associer à une politique qui aura pour résultat d'éterniser les divisions au sein des partis monarchiques, et de tromper la France, en lui laissant croire qu'elle pourra librement choisir, à un jour donné, entre les deux monarchies que vous cherchez à définir par des formules aussi vagues qu'elles sont fausses et arbitraires. Le respect profond que je porte à la famille royale de Claremont me persuade qu'elle répudiera la position que vous voulez lui faire, et qui consiste simplement à lui conserver toutes les chances dans la loterie des révolutions ; en d'autres termes, que ces princes deviennent, suivant les circonstances, les humbles citoyens de la république, qui a expulsé leur père ; les chefs aventureux d'une dynastie nouvelle, ou les successeurs éventuels de la monarchie des Bourbons.

La famille d'Orléans ne renierait pas plus, Monsieur, son passé, en s'associant, dans l'exil, à l'aîné de sa race, qu'elle ne le ferait, si la France lui rouvrait ses portes, en marchant à la suite de sa fortune comme ses héritiers nécessaires et légitimes. La révolution de 1848 a fait disparaître un grand fait que le roi Louis-Philippe invoquait, si justement, pour repousser la qualité d'usurpateur que ses adversaires voulaient attacher à son nom, celui de l'impérieuse nécessité qui ne laissait pas de choix, en 1830, entre l'établissement d'une monarchie nouvelle et le rétablissement de la sanglante république de 93. Elle a rendu les fils du roi et les serviteurs de sa monarchie à l'indépendance de leurs jugements, et c'est en toute liberté qu'ils sont appelés aujourd'hui à conseiller à la France de rester dans les voies de la révolution ou de revenir au seul principe à l'aide duquel elle pourrait en sortir. Dans le temps où nous sommes, le plus obscur d'entre nous est obligé, à ses risques et périls, de choisir sa cause, et les princes, dont la France attend l'exemple du dévouement, du courage et de l'abnégation, ne sauraient conserver une attitude qui exclut tous les sacrifices en leur laissant tous les bénéfices de nos luttes.

Recevez, Monsieur, l'assurance de ma parfaite considération.

A. PAGEOT,

Ancien ministre plénipotentiaire de France, démissionnaire de 1848.

www.ingramcontent.com/pod-product-compliance
Lightning Source LLC
Chambersburg PA
CBHW051241070726
47594CB00013B/1912

STATISTIQUE
DES OPINIONS RELIGIEUSES

DU

FUTUR DIOCÈSE D'ALAIS

(1638-1689)

PAR

M. BLIGNY-BONDURAND

(Extrait du *Bulletin historique et philologique*, 1910)

PARIS

IMPRIMERIE NATIONALE

MDCCCCXI

STATISTIQUE
DES OPINIONS RELIGIEUSES

DU

FUTUR DIOCÈSE D'ALAIS.

(1688-1689)

PAR

M. BLIGNY-BONDURAND

(Extrait du *Bulletin historique et philologique*, 1910)

PARIS

IMPRIMERIE NATIONALE

MDCCCCXI